DE LA

DÉCADENCE DU THÉATRE

ET

DES MOYENS DE LE RÉGÉNÉRER

DE LA

DÉCADENCE DU THÉATRE

ET

DES MOYENS DE LE RÉGÉNÉRER

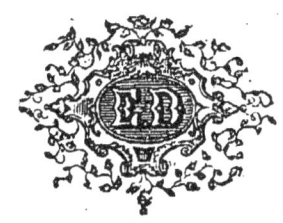

PARIS

E. DENTU, LIBRAIRE-ÉDITEUR

PALAIS-ROYAL, 17 ET 19, GALERIE D'ORLÉANS

—

1871

DE LA

DÉCADENCE DU THÉATRE

ET

DES MOYENS DE LE RÉGÉNÉRER

―――⸺―――

I

Depuis le moment où la France put se remettre un peu des désastres de l'invasion étrangère, et Paris des abominables dévastations de la Commune, on ne parla de toutes parts que de régénération. Et, en effet, dans l'appréciation des causes qui avaient pu rendre possibles de tels événements, on s'en prit surtout et avec raison à un état de relâchement et de démoralisation générale qui, des rangs de la société pénétrant dans l'armée, y avait affaibli l'esprit de discipline et jusqu'au sentiment de l'honneur.

Donc, on a compris d'abord la nécessité de régénérer l'armée, et l'on sait que le Président de la République s'en occupe activement de concert avec l'Assemblée nationale.

Mais quels ont été les principaux agents de cette déviation de l'esprit public et du sens moral de la nation? La presse d'abord, et nous ne parlons pas seulement ici de ce qu'il est convenu d'appeler la mauvaise presse, mais même de la presse dite littéraire ou, si l'on veut, du roman-feuilleton qui, surtout depuis quelques années, est passée des salons et de l'antichambre dans l'atelier des villes et jusque dans l'humble foyer des campagnes : lecture aussi malsaine qu'attrayante pour tous ceux qu'elle initie de plus près aux mœurs et aux jouissances de la vie mondaine dont ils se voient déshérités. Pour eux, la presse, grâce à une production centuplée par la vapeur, s'est faite petite et pas chère. C'est donc cette vie d'intrigues, de dissipation et de débauches, ces meurtres, ces duels, ces suicides, toutes ces scènes plus ou moins émouvantes qu'on va jeter ainsi en pâture à des hommes et à des femmes qu'il faudrait au contraire maintenir dans l'amour des champs et dans le goût de leurs paisibles occupations. C'est ce monde fantastique qu'on va leur peindre avec des couleurs à donner le vertige.

Pour les habitants des villes et de Paris surtout, une autre école de démoralisation, c'est le théâtre :

tantôt le drame échevelé, le vice se redressant fièrement sous la honte et se posant en réformateur de la société, et tantôt la féerie avec tout le prestige de la mise en scène, avec ses danses lascives et on dirait presque ses nudités.

Et pourtant, quel noble et salutaire délassement ce serait pour le peuple que la représentation d'œuvres où au vif intérêt de l'action se mêlerait une pensée morale !

Mais il n'y a pas là seulement une question de moralité publique, il y a aussi une question d'art qui intéresse essentiellement la nation et impose, en conséquence, des devoirs à son gouvernement. La France, si fière à juste titre de son éminente supériorité dans les lettres (au moins que celle-là lui reste !), ne peut rester indifférente à cet abaissement de l'art, et, à défaut d'un public blasé qui semble en avoir perdu le sentiment, le gouvernement doit rechercher quelque moyen de le relever. C'est d'ailleurs ce qu'il a déjà tenté, ainsi que nous le verrons, par la voie de concours et de récompenses publiques. Mais qu'il nous soit permis d'abord de jeter un coup d'œil rapide sur les différentes phases qu'a subies de nos jours l'art dramatique.

II

Si nous ne sommes plus au temps où des poëtes et des écrivains de génie dotaient la scène française d'immortels chefs-d'œuvre, on peut dire néanmoins que certains auteurs modernes l'ont aussi enrichie d'œuvres fort remarquables. Ainsi, dans les derniers temps de la Restauration et dans les premières années du Gouvernement de Juillet, il y avait encore une vie, un certain mouvement littéraire où dominait du moins le sentiment de l'art, sinon toujours du bon goût et de la morale.

Mais pendant ce temps avait surgi l'école nouvelle; et sans vouloir revenir ici sur de vieilles querelles, rappelons seulement que certains de ses adeptes les plus avancés posaient effrontément ce principe que « l'art n'avait pas de plus grand ennemi que le bon sens, » d'où l'on pouvait naturellement conclure que le comble de l'art était de s'en écarter le plus possible; et en effet, ne vit-on pas dès lors une foule d'auteurs trop fidèles à ce programme qui, dédaignant et secouant toutes traditions, se jetèrent, au théâtre comme dans le roman, dans les innovations les plus téméraires, et trop souvent dans les conceptions les plus immorales?

Une barrière toutefois restait encore opposée à

l'essor de leur génie; mais survint la révolution de Février qui se hâta de les en affranchir. On se rappelle, en effet, que le Gouvernement provisoire, devançant le vœu des auteurs dramatiques, abolit la censure ; et quelques jours plus tard, à une réception d'artistes, M. Garnier-Pagès prononçait ces paroles en forme de commentaire et de correctif de cette mesure :

« Les artistes, aussi bien que les auteurs dramatiques, ont aujourd'hui une nouvelle mission à remplir. Jusqu'ici le théâtre n'a eu que l'attrait d'un vain plaisir; il devra se transformer en une école de morale. L'enseignement d'un grand peuple doit se faire de toutes les manières : par la tribune politique, par les représentations au théâtre (1). »

C'était donc, on le voit, dans la pensée naïve de l'honorable membre du Gouvernement provisoire, c'était à la République que venait d'échoir la grande et noble mission de régénérer le théâtre. Mais par quelles pièces cette nouvelle ère fut-elle tout d'abord inaugurée? Par la reprise de *Robert Macaire* et de *l'Auberge des Adrets !* Et peu de temps après, un de nos plus éminents critiques et, assurément, non moins jaloux que tout autre des libertés de l'art, M. Théophile Gautier, écrivait ceci :

---

(1) *Moniteur* du 6 mars 1848.

« Quelles sont les pièces de circonstance qu'on a données jusqu'ici? Des scènes de barricades, des tableaux de l'ancienne révolution, des à-propos semés de méchants couplets où l'on attaque tout ce qui est tombé et où l'on célèbre la liberté et la patrie avec des flonflons de goguette ; rien d'original, rien d'inspiré, cette âcre saveur de sauvagerie patriotique qui signalait les *ça-ira* et les carmagnoles (1). »

Et plus tard, voici en quels termes un de nos écrivains les plus distingués, M. Louis Reybaud, parlait, dans la *Revue des Deux-Mondes*, de la littérature du jour :

« La même cause a porté le roman vers la description des misères sociales. La vogue était acquise à de pareils tableaux. De là cette école de coloristes dont l'idéal consiste à outrer les difformités de la nature humaine. Autant les anciens recherchaient le beau en toutes choses, autant cette école recherche le monstrueux. Elle nous traite en convives blasés dont le goût ne se réveille qu'aux ardeurs de l'alcool et au feu des épices. Les émotions violentes, les passions échevelées, les sentiments impossibles, les imprécations, les blasphèmes entrent pour beaucoup dans l'art d'écrire tel qu'on le pratique aujourd'hui. La révolte contre la société anime les conceptions les plus applaudies....

---

(1) *Moniteur*. Feuilleton du 27 mars 1848.

Partout se trouve la prétention de rendre la civilisation responsable des fautes de l'individu, et d'abolir le devoir personnel pour mettre tout à la charge du devoir social...

« Le roman ne s'en est pas tenu là; de l'élégie il est passé au drame.... Il s'égare à la découverte des bouges les plus infects et des existences les plus immondes; il se propose de prouver, par la description des mauvais lieux et par l'usage d'un cynique idiome, jusqu'à quel degré d'avilissement l'homme peut descendre et de quel ignoble limon il est pétri. Il n'est sorte de corruption souterraine et d'obscénité mystérieuse dont il ne se fasse l'écho. Les régions où l'on parle la langue du bagne n'ont plus de secrets pour lui... Les plus grands scélérats ont le droit d'être fiers de cette fortune qui leur arrive. Une tribune leur est ouverte : un auditoire de belles dames leur est acquis... Comme le meurtrier y devient intéressant, comme la prostituée y gagne du terrain dans l'opinion (1)!... »

Tel était donc le degré d'abaissement et de dévergondage où étaient tombées les lettres françaises et en particulier le théâtre, lorsqu'un de nos anciens ministres de l'Intérieur, M. Léon Faucher, voulut tenter, par l'appât de récompenses publiques, de lui

---

(1) *Revue des Deux-Mondes.* Soc[ialisme] socialisme, p. 805 et 806.

donner une direction à la fois plus morale et plus relevée au point de vue de l'art.

Dans cette louable intention, le ministre institua donc, par arrêté du 14 octobre 1851, des primes à distribuer chaque année aux œuvres dramatiques qui se recommanderaient par un caractère de moralité que le programme définissait le mieux possible, ajoutant toutefois cette condition, fort logique assurément, qu'elles auraient été jouées avec succès. Il ne suffit pas, en effet, qu'une composition quelconque soit dialoguée en forme de drame pour constituer une pièce de théâtre dans l'acception du mot ; il lui faut de plus le prestige de la scène, le jeu des acteurs et les applaudissements de la foule ; succès bien flatteur, sans doute, mais d'autant plus difficile à obtenir, il faut l'avouer, que la pièce se renfermera mieux dans les conditions du programme.

De telles œuvres, en effet, reposeront généralement sur une donnée simple empruntée aux scènes de la vie ordinaire, et qui par cela même voudra s'éloigner le moins possible des règles de la vraisemblance ; mais le public de Paris et surtout celui des boulevards, étant de longue main façonné à des drames d'une charpente et d'une allure tout autres, on conçoit parfaitement l'hésitation d'un directeur au sujet de l'œuvre qui lui est présentée, quelque estimable qu'il puisse la juger d'ailleurs à d'autres égards. Voulant un succès non-seulement d'estime, mais d'argent surtout, on s'étonnera peu qu'il trouve plus naturel et plus sûr d'en chercher les garanties dans les précédents de son théâtre que de tenter une épreuve dans des voies nouvelles.

Quoi qu'il en soit, depuis la fondation de ces primes, quelques-unes des pièces présentées aux concours des premières années qui suivirent, en furent jugées dignes : mais voici ce qui arriva à l'occasion de celui de l'année 1855. Parmi les pièces qui y furent envoyées figurait le *Demi-Monde*, et, chose vraiment incroyable, c'est cet ouvrage qui, au jugement de la commission, obtenait la prime, si le ministre, M. Baroche, qui en était le président, n'eût opposé son *veto*. Le grand succès de l'année était là, sans doute; mais était-ce bien par la moralité du sujet et de l'action que se recommandait la pièce ? Tel n'était point l'avis du ministre, à qui il avait suffi d'ailleurs, pour trancher la question, de rappeler les termes du programme posé par son prédécesseur. On y lisait, en effet, qu'une condition imposée aux pièces du concours était qu'elles fussent *de nature à servir à l'enseignement des classes laborieuses par la propagation d'idées saines et le spectacle de bons exemples*.

D'autres pièces, également présentées, se rapprochaient plus, il est vrai, du programme par des sujets d'un genre plus populaire, tels que certains drames du boulevard, mais ne s'en éloignaient pas moins, sans doute, dans la pensée de la commission, sous d'autres rapports. Ainsi, la plupart de ces œuvres durent trop se confier à la moralité de leur dénoûment, où les auteurs manquent rarement de montrer le vice puni et la vertu triomphante. Mais, pour en arriver là, par quelles scènes vous font-ils passer?... Ah! si le dénoûment suffisait pour classer une pièce, où en trouver un, par exemple, non-seulement plus moral, mais même plus religieux que celui de la fameuse *Dame aux Camélias* dont on a tant parlé et dont on parle encore! Écoutons, en effet, l'héroïne de la pièce au moment où elle va expirer sur la scène. Après avoir dit que la veille, se trouvant plus mal, elle a demandé un prêtre, elle ajoute : « Quelle belle chose que la religion! J'étais triste, désespérée, j'avais peur de la mort... Cet homme est entré, il a causé une heure avec moi, et tristesse, désespoir, remords, il a tout emporté avec lui... »

Or, nous demandons dans quelle œuvre, même pieuse, on a mieux parlé de la religion et de la sainte mission du prêtre à la dernière heure. De telles paroles, on peut le dire, résonnent même d'une manière si étrange au théâtre, qu'il ne fallait rien moins peut-être, pour les faire passer, que le nom favori de l'auteur, joint aux hardiesses de tout genre dont la pièce abonde.

Quoi qu'il en soit, et pour revenir à la fondation de M. Léon Faucher, conçue pourtant dans un si noble but, la commission désespérant, même pour l'avenir, de trouver, dans les conditions actuelles du programme, des œuvres qu'elle puisse élever à la hauteur d'une récompense publique, crut devoir proposer au ministre de le modifier en ce sens que le concours ne portât plus que sur le mérite littéraire des pièces présentées, lesquelles seraient alors jugées au point de vue de l'art dans sa plus haute expression ; ce qui serait à la fois, ajoutait-elle, l'art et la morale.

Sans doute, le programme ainsi compris serait toujours très-beau et bien digne de tenter tout ce qu'il y a de plus élevé dans le monde des lettres; mais nous ne pouvons admettre cependant qu'avec des encouragements bien entendus, nos auteurs dramatiques ne parviennent à obtenir, sur des scènes d'un ordre inférieur, des succès populaires vraiment dignes de récompenses publiques, tant au point de vue de la moralité du sujet que de l'intérêt de l'action.

La commission, en définitive, n'insista point et se borna à déclarer, par l'organe de son rapporteur, M. Sainte-Beuve, « que le talent n'avait point manqué au concours, mais seulement la direction, qui ne s'était point rencontrée avec les termes du programme. » Après quoi la commission se trouva dissoute, au moins de fait, aucun concours n'ayant eu lieu depuis.

Ce n'était pas toutefois qu'une direction plus morale eût été remarquée depuis au théâtre et en particulier dans les scènes populaires. Quelques mots de l'empereur recueillis par M. Louis Veuillot dans un entretien qu'il eut avec lui en février 1858, et qu'il vient de raconter tout dernièrement dans l'*Univers*, font connaître suffisamment la pensée impériale d'alors à ce sujet :

« Il fut enfin question du théâtre, dit M. Veuillot.
« C'est une chose affreuse, dit l'empereur, surtout le
« théâtre populaire. Il est impossible que le peuple
« résiste à ce spectacle, qui lui montre perpétuelle-
« ment tous les crimes, toutes les lâchetés et toutes
« les sottises dans les classes élevées (1). »

Mais si telles étaient les impressions de l'empereur, il faut avouer qu'on s'en serait peu douté. Ne se rappelle-t-on pas en effet quelles pièces il allait voir et applaudir au moins de sa présence, souvent même en compagnie de l'impératrice ?

Racontant plus tard, dans sa préface du *Demi-Monde*, les circonstances que nous venons de rappeler, M. Alexandre Dumas fils va jusqu'à dire, à propos du programme de M. Léon Faucher, « qu'il était
« tout simplement absurde et qu'il fallait, pour le
« rédiger, être aussi parfaitement ignorant des choses

---

(1) *Univers* du 1ᵉʳ novembre 1871.

« de l'art que l'était M. Léon Faucher. » Jugement bien sévère, comme l'on voit, mais, selon nous, aussi injuste au fond que mal motivé.

« Est-ce que l'art, au théâtre surtout, dit l'auteur du *Demi-Monde*, est chargé d'épurer les mœurs et surtout les mœurs des classes laborieuses? Est-ce que l'art ne s'adresse pas, avant tout, à l'intelligence, à la passion, aux sens même des classes raffinées plutôt qu'aux classes laborieuses? »

Mais c'est là, il nous semble, méconnaître complétement la pensée du ministre et changer son programme, conçu précisément en vue des classes populaires. Comment! on se plaint généralement de l'état d'abaissement et de démoralisation auquel sont abandonnées surtout les scènes secondaires, et on trouvera « tout simplement absurde » la pensée qu'aura un ministre d'encourager, par des récompenses publiques, les auteurs d'œuvres plus dignes et plus morales qui offriraient au peuple, avec des idées saines, le spectacle de bons exemples !

Qu'un tel programme ne convienne pas à M. Alexandre Dumas fils et qu'il aime mieux, se moquant de l'ancien adage, *Castigat ridendo mores*, chercher d'autres succès en s'adressant « aux passions et aux sens même des classes raffinées, » cela se conçoit et cela s'est vu; mais qu'il ne trouve pas mauvais qu'un ministre fasse appel à de tout autres œuvres, sans y attacher toutefois, comme le voudrait M. Dumas, des primes de deux cent, trois cent et cinq cent mille francs, plus faciles à trouver pour le dénoûment d'une pièce que dans les libéralités du budget.

M. Dumas ne dédaignerait point, en effet, de telles récompenses, s'il s'agissait, dit-il, d'œuvres d'art; mais est-ce que, dans le programme posé par le ministre, la question d'art n'était pas réservée implicitement? Est-ce qu'il ne faut pas, pour qu'une œuvre dramatique soit représentée avec succès, qu'elle soit composée avec art? Hélas! comme nous l'avons déjà dit plus haut, il y faudra même d'autant plus d'art et de talent qu'elle répondra mieux à la pensée du programme au point de vue de la moralité, tandis que tant d'autres œuvres trouvent dans le scandale un succès si facile. Et, d'ailleurs, remarquons qu'il ne s'agissait là que de pièces destinées à des théâtres secondaires, des récompenses d'un ordre plus élevé étant réservées, par ce même programme, à une première catégorie, celle des pièces qui, réunissant les mêmes conditions de moralité, auraient été jouées dans l'année, avec succès, sur notre premier théâtre.

Par ces divers motifs, la suppression de ces concours nous semble donc un fait regrettable, d'autant plus que, de l'aveu même de M. Alexandre Dumas fils, le théâtre d'aujourd'hui n'est pas dans une meilleure voie qu'à l'époque où ils furent institués. Dans une autre de ces préfaces, il déplore, en effet, « que « le théâtre s'avilisse, à cette heure, entre les mains « du plus grand nombre, lorsqu'il n'a jamais eu une « occasion plus belle et plus sûre d'exercer sa puis- « sance moralisatrice. » Or, ne doutons pas qu'avec des encouragements bien entendus, et par suite un accès plus facile près des directeurs de nos théâtres, nos auteurs ne parviennent à y obtenir des succès populaires vraiment dignes des récompenses publi- ques que pourrait proposer le Gouvernement.

Chose remarquable et que croiront à peine bien des personnes — tant on est parvenu à accréditer d'in- justes préventions contre le gouvernement pontifical — à Rome, avons-nous lu, il y a une dizaine d'années, dans un journal, des concours de ce genre étaient organisés « pour décerner des récompenses aux meilleurs ouvrages dramatiques des auteurs italiens, » et voici en quels termes s'exprimait, dans son rap- port, le président d'un de ces concours, Monseigneur Rosani, évêque d'Hérithrée :

« Parmi les moyens les plus efficaces de rendre « le peuple heureux, en faisant fleurir les bonnes « mœurs et les vertus publiques, on ne doit pas mettre « au dernier rang cette institution de l'antique sagesse, « ce théâtre où le spectateur se reconnaît lui-même « comme en un miroir, et reçoit des conseils et des

« enseignements, soit dans les émotions de la pitié,
« soit dans la comique peinture des ridicules et des
« travers (1). »

Pas trop mal dit, en vérité, sous un régime si *abrutissant,* à en croire certains journaux.

III

Mais si ces concours devaient être rétablis, ne conviendrait-il pas, surtout à une époque où l'on parle tant de décentralisation, d'y admettre les théâtres de province comme ceux de Paris? Ne serait-ce point un moyen de leur donner plus de vie et de mouvement, et d'améliorer ainsi une situation en général si précaire?

Nous nous rappelons avoir lu, à l'époque où elle parut, une brochure que venait de publier, à ce sujet, M. Carmouche, homme fort compétent à un double titre, celui d'auteur dramatique et d'ancien directeur d'un grand théâtre de province. Or, dès cette époque, M. Carmouche signalait, comme une des causes principales de la décadence des théâtres de

---

(1) *Journal des villes et des campagnes,* du 18 février 1859.

province, la rareté des pièces nouvelles ou au moins de celles qu'on pouvait y monter avec succès, tandis qu'autrefois le répertoire courant de ceux de la capitale ne leur laissait que l'embarras du choix. Peinture de mœurs et de caractère, ou simplement pièces de sentiment ou d'intrigue, la plupart de ces ouvrages ne rencontraient pas en province moins de sympathie et de vogue qu'à Paris. C'est qu'alors, outre que le théâtre en général était demeuré plus fidèle aux traditions de l'art et du bon goût, qui en étaient à la fois l'honneur et la fortune, chaque scène avait le genre de pièces qui lui était assigné par son privilége et dont elle ne pouvait s'écarter. Ainsi, au Théâtre-Français et à l'Odéon les grandes pièces, et aux scènes secondaires les petites en un ou deux actes au plus. Mais on sait que, même avant la liberté des théâtres, le gouvernement s'était déjà beaucoup départi de cette règle, et qu'ainsi le Gymnase, le Vaudeville et même les Variétés étaient autorisés à jouer toute espèce de comédies et de drames. Or, de cette confusion des genres, qu'était-il arrivé? C'est que nos auteurs en vogue, plus intéressés dès lors à travailler pour les petits théâtres, qui jouaient leurs œuvres tous les jours, y prirent la place de toutes ces petites pièces qui s'y renouvelaient fréquemment, et on se rappelle qu'ils y obtinrent souvent des succès que n'épuisaient pas des centaines de représentations.

Était-ce pour cela des chefs-d'œuvre ! Non assurément ; mais on sait que la vogue est capricieuse et souvent ne se raisonne pas. Et puis, ne sait-on pas quelle population flottante et avide de spectacles renouvelle chaque jour le public de Paris ?

Mais, pendant ce temps, que peuvent les théâtres de province, toujours dans l'attente de nouveautés qui ne viennent pas ? Et parmi celles qui sont jouées avec succès à Paris, combien le choix est encore difficile ! Ce succès, en effet, n'est-il pas dû souvent à un luxe de mise en scène, de décors et de machines devant lequel reculent des théâtres qui ne peuvent, comme ceux de Paris, trouver de compensation à de tels frais, dans une longue suite de représentations ? ou bien, s'il s'agit de petites pièces, combien n'en est-il pas que soutient uniquement le jeu d'un acteur, « et d'autres, comme disait encore M. Carmouche, qui sont écrites avec tant d'esprit, une vérité si nue et dans une langue tellement originale, qu'elles ne peuvent passer la barrière ? » Eh ! que dirait-il donc aujourd'hui du genre *cascade* si fort en vogue dans tous nos petits théâtres ? C'est écœurant de bêtise, il est vrai, mais rarement assez pour pousser à bout la tolérance du public parisien ; et alors, qu'importe, si cela fait de l'argent !

Mais à ne parler, même ici, que des pièces d'un genre convenable et d'une mise en scène accessible à un théâtre de province, sur quelles données un directeur se décidera-t-il à la monter? Sans doute, il consultera les comptes rendus des journaux ; mais on sait combien diffèrent presque toujours leurs jugements, souvent aussi trop superficiels pour être concluants. Disons-le en passant : sans doute la presse périodique compte dans ses rangs des critiques fort distingués dont quelques-uns même des plus éminents ; aussi trouve-t-on généralement dans leurs articles de hautes considérations sur l'art et des aperçus on ne peut plus ingénieux, çà et là quelques anecdotes et de l'esprit surtout; mais de la pièce dont s'agit, souvent peu de chose, à peine quelques mots. C'est tou-simple ; le critique a trop d'esprit et d'idées à lui pour donner beaucoup de place à l'esprit et aux idées des autres ; ce qu'il demande surtout, c'est une occasion de se produire, et puisque l'auteur dispose de la scène, il dispose, lui, de son feuilleton, où il trône en maître. La fantaisie est son domaine, il est là sur son trépied et c'est en se jouant qu'il rend ses oracles.

Écoutons d'ailleurs un des maîtres en cette partie, M. Jules Janin : « Vous tous qui exercez le grand art du critique, dit le prince des critiques, il faut d'abord songer à vous, après quoi vous songerez au poëte, au musicien, au décorateur, au machiniste. Il faut, avant tout, que le lecteur vous honore et vous estime, et qu'il s'inquiète avant tout de vous-même, après quoi il s'inquiètera de toutes ces choses futiles, éphémères qui, les exceptions étant sauvées, ne sont pour ainsi dire que le prétexte de vos discours (1). »

N'y a-t-il pas d'ailleurs, en fait de comptes rendus, le chapitre des considérations de personnes, des relations plus ou moins amicales du critique avec tel auteur ou tel directeur ? N'y a-t-il pas aussi contre eux telles hostilités sourdes ou déclarées qu'on sait n'être pas chose inouïe dans le monde des lettres ? Enfin, même à un point de vue plus général, n'y a-t-il pas eu et n'y a-t-il pas encore aujourd'hui, en littérature comme en politique, les « vieux partis; » quelques survivants de la fameuse lutte des Classiques et des Romantiques, ceux-ci passés depuis en grande partie, bannière déployée, dans le camp des Réalistes ?

Par ces diverses considérations, les directeurs des théâtres de province sont donc souvent dans un grand embarras quand ils ont à faire choix d'une pièce nouvelle, le succès qu'elle obtient à Paris n'étant pas toujours une garantie suffisante de celui qu'elle pourrait obtenir dans le ressort dont ils ont le privilége. Il faudrait donc au moins que les répertoires des théâtres de Paris fussent assez variés pour leur rendre ce choix plus facile.

---

(1) *Histoire de la littérature dramatique*, tome 1er, page 63.

IV

Mais pourquoi donc cette pénurie, lorsqu'il y a tant d'hommes de lettres se livrant à la littérature dramatique, et que les pièces présentées à chaque théâtre se comptent par milliers? C'est que généralement il y a, croyons-nous, de la part de MM. les directeurs des théâtres de Paris, trop de préventions à l'égard des auteurs nouveaux, et, au contraire, trop de disposition à accepter de confiance les œuvres des auteurs connus, tout en se laissant, de plus, imposer des reprises qui constituent, au profit de ces fournisseurs, une sorte de monopole.

Mais ce qui explique surtout la désertion et le malaise des théâtres de la province, c'est le genre de la plupart des pièces que Paris leur envoie et qui ne permet plus aux familles d'y venir chercher, comme autrefois, un honnête délassement. Nos auteurs en vogue prétendront, il est vrai, que celles-là seules ont encore le privilége d'attirer un public et de faire de l'argent, comme disent les directeurs. Si cela était vrai, à qui la faute? Ne serait-ce point à ceux qui, au lieu de chercher le succès dans les progrès de l'art, ont semblé travailler à son abaissement et qui, au lieu de faire du théâtre une école de mœurs, en ont fait une école de démoralisation ? Mais non, c'est là calomnier le vrai public. Sans doute il s'est laissé aller trop souvent sur la mauvaise pente où l'entraînaient des œuvres malsaines et des exhibitions déhontées ; mais ne l'a-t-on pas vu, plus rarement il est vrai, témoigner par des sifflets et des huées, du dégoût qu'elles lui inspiraient ? Et lorsqu'une œuvre d'art et de bon goût lui a été offerte, ne s'est-il pas retrouvé pour l'applaudir, soutenu aussi, il faut le dire, par les suffrages de nos plus dignes organes de la presse périodique ?

Ici se rencontrent également des hommes même d'opinions les plus opposées en matière politique, philosophique et religieuse.

Ainsi le R. P. Félix, parlant, dans une de ses conférences, de l'art en général, le montrait « comme secondant l'effort de l'homme pour l'élever à sa fin, c'est-à-dire vers l'infini. » Et à ce sujet, l'orateur rappelait ces paroles de l'un des membres de l'Académie française, dignes, ajoutait-il, de trouver un écho sympathique dans la prédication chrétienne :

« On a tort de croire que pour se mettre à la portée de la foule, l'art soit obligé de descendre ; il n'y a qu'à l'appeler en haut, pour qu'elle monte avec lui. »

Et maintenant, pourquoi ne mettrions-nous pas en regard de ces paroles celles d'un poëte-écrivain dont nous sommes loin nous-même de partager les opinions sur d'autres questions, mais qui a exprimé quelque part la même pensée d'une manière vraiment originale et saisissante ?

« Oserai-je l'avouer ? — dit M. Edgard Quinet. — Dans le drame moderne je me sens plus captif que dans l'ornière de Corneille ou de Racine. Pourquoi cela ? N'est-ce pas qu'en proportionnant par complaisance vos personnages à ma petitesse, vous m'emprisonnez dans ma propre misère ? Vous me ramenez à moi, et c'est ce moi chétif qui me gêne et m'importune.

« Que ne m'aidez-vous plutôt à en sortir ? Essayez seulement. Il me semble que là, dans le fond de mon être, il y a un personnage meilleur, plus grand, plus fort, qui m'apparaîtrait à moi-même, si vous aviez moins de complaisance pour ce personnage vulgaire que je suis et que je sens tous les jours...

« Vous prenez une mesure ordinaire, vous me toisez du haut en bas et vous dites : Voilà sa grandeur. — Je vous crois. Mais que n'avez-vous ajouté une coudée, j'y aurais atteint peut-être par l'émulation... Ma compagnie fait partie de moi-même ; je me rapetisse avec les petits, je grandis avec les grands. »

Telle était aussi, bien avant nous, le sentiment d'un philosophe qui s'entendait aussi en littérature, d'Aristote, qui voulait qu'on représentât, dans l'art, plutôt le type idéal des hommes et des choses que leur réalité triviale. C'est aussi dans cette même pensée que le poëte Eschyle se flattait d'avoir fait des Athéniens des hommes de quatre coudées et de leur avoir ainsi inspiré le goût des grandes choses.

Pourquoi n'en serait-il donc pas de même aujourd'hui du peuple français ? Ce public, que vous faites descendre avec vous jusque dans les bas fonds d'une littérature de bagne ou de tréteaux, transportez-le dans des milieux plus purs, plus élevés, il vous y suivra ; bien plus, il vous saluera de ses acclamations enthousiastes, comme il arrivait, même au public des rues, les jours de représentations gratuites, lorsqu'on le mettait en présence d'un des chefs-d'œuvre de la scène française.

V

Nous voilà donc bien loin de cette école qui, au lieu de reproduire dans l'homme la grandeur de sa nature et de ses nobles facultés, se complaît à le rapetisser et à le dégrader dans la peinture de ses faiblesses et de ses vices.

Bien plus, cette école, comme nous l'avons déjà dit, n'a-t-elle pas déclaré l'art incompatible avec le bon sens ? On a peine à croire, il est vrai, à une telle énormité ; mais c'est bien ainsi que M. Eugène Pelletan, parlant un jour des œuvres de Casimir Delavigne, résumait son opinion : « On ne saurait trop le répéter, disait-il, on n'a pas en art de plus grand ennemi que le bon sens. »

Et plus tard, M. Pelletan, ne voyant toujours point les chefs-d'œuvre se produire, s'en prenait non plus au bon sens, mais au gouvernement. Ainsi, dans la session de 1867, à propos des crédits demandés chaque année pour encouragements aux beaux-arts, M. Pelletan disait :

« Je ferai remarquer à M. le commissaire du gouvernement que, depuis quelques années, nous ne voyons guère de chefs-d'œuvre nouveaux apparaître, soit sur notre théâtre lyrique, soit sur les autres théâtres. »

Et M. Ernest Picard de s'écrier : « Cela tient à l'absence des libertés. »

Or, comprend-on un gouvernement qui ne vous laisse pas même la liberté de produire des chefs-d'œuvre ?

Dans ce même article, au sujet des œuvres de Casimir Delavigne, M. Pelletan disait encore : « Il faut faire son auditoire et non le subir : Malheureusement Casimir Delavigne l'a subi. »

Il y eut donc aussi, comme complément nécessaire des doctrines et des œuvres de la nouvelle école, l'art de se faire un public ; mais comment? Autrefois un auteur, le jour de la première représentation de sa pièce, obtenait un certain nombre de billets pour sa famille, ses amis et quelques jeunes gens qui, mêlés au parterre, donnaient volontiers le signal des applaudissements. Voilà tout ce qu'on avait imaginé de mieux jusque-là et ce qui suffisait, en effet, pour des pièces qui allaient au tempérament du public d'alors. Mais, pour un drame moderne, ce fut tout autre chose ; on dut mettre à la disposition de l'auteur la salle presque entière, avec des hommes bien déterminés.

Qui ne se rappelle la fameuse bataille qui eut lieu au Théâtre-Français, à la première représentation d'*Hernani !* Mais ce qu'on était loin de savoir aussi bien, avant le récit qu'en a fait dans ces dernières années (1) M. Alexandre Dumas, c'est avec quel art et quel ensemble l'auteur avait pris toutes les dispositions stratégiques qui, dans cette orageuse soirée, devaient lui assurer la victoire.

Loin de nous, sans doute, de méconnaître ce qu'il

---

(1) *Figaro* du 15 juin 1867.

y a de vraiment beau et de dramatique dans *Hernani;* mais ce qu'il fallait surtout applaudir à outrance, c'était bien moins cela que certaines excentricités de dialogue qui allaient tout d'abord révolter un public « arriéré » et qu'il s'agissait de lui imposer de haute lutte. Or, écoutons maintenant la narration rétrospective de ce plan de campagne, faite par un historien d'autant plus fidèle que, comme les vétérans d'Austerlitz et de Wagram, il pouvait dire : J'y étais !

Et d'abord, un détail : On avait offert à l'auteur le chef de claque du Théâtre-Français ou celui du Gymnase ; mais tous deux furent récusés comme ayant l'habitude d'applaudir, l'un Casimir Delavigne, et l'autre Scribe.

« Hugo avait son idée, dit M. Alexandre Dumas, il ne voulait pas d'une claque payée ; et, en effet, une claque payée n'eût pas soutenu la pièce jusqu'à la fin du premier acte. »

« Il voulait une claque libre, intelligente, enthousiaste. Il voulait des jeunes gens de notre génération, plus jeunes que nous, s'il était possible ; c'étaient ceux-là qui étaient les meilleurs.

« On fit une circulaire dans les ateliers de Paris ; cette espèce de recrutement littéraire réunit à peu près cinq cents personnes. Jamais volontaires de 92 n'ont marché au combat avec un cœur plus dévoué. Charlet, notre Charlet, en recommandait quatre en ces termes :

« Cher poëte, quatre de mes janissaires m'offrent leurs bras ; je

« les dépose à vos pieds et vous demande pour eux quatre places
« pour ce soir. Je vous garantis mes hommes ; ils sont gens à
« couper les têtes pour avoir les perruques. Quant à moi, je les
« encourage dans ces nobles sentiments, et je ne les laisse pas
« partir sans leur donner ma bénédiction paternelle.

« Votre dévoué de cœur et d'âme. »

« On divisa les billets par dizaines, poursuit M! Alexandre Dumas ; — à chaque dizaine on nomma un dizainier qui répondait de ses hommes.

« Il est curieux de voir aujourd'hui les noms de ces dizainiers ; tous sont connus, quelques-uns sont devenus célèbres. »

Ici M. Dumas cite les noms de trente de ces chefs dont il se souvient, ajoutant, quant aux trois cents soldats, qu'ils sont ignorés comme les trois cents Spartiates.

« Hugo avait mille places dans la salle, tout l'orchestre des musiciens, le parterre moins une cinquantaine de places, enfin les secondes galeries.

« Il s'agissait de faire entrer tout ce monde-là dans la salle avant le public, et surtout avant qu'on fît queue. Il fut convenu qu'il entrerait à trois heures après-midi, en plein jour, par la grande porte de la rue Valois, afin qu'on pût voir au grand jour ce que c'était que l'armée romantique...

« De peur d'arriver trop tard, les jeunes bataillons arrivèrent trop tôt. La porte n'était pas ouverte et dès une heure les innombrables passants de la rue de Richelieu virent s'accumuler une bande d'êtres farouches et bizarres, — barbus, chevelus, habillés de toutes les façons, excepté à la mode ; en vareuse, en manteau espagnol, en gilet à la Robespierre, en toque à la Henri III, ayant tous les pays sur les épaules et sur la tête, — et cela en plein

Paris, en plein midi. Les bourgeois s'arrêtaient stupéfaits et indignés. Théophile Gautier surtout insultait les yeux par un gilet de satin écarlate et par l'épaisse chevelure qui lui descendait jusqu'aux reins.

« La porte s'ouvrit à trois heures et se referma. Seuls dans la salle ils s'organisèrent; mais les plans réglés, il n'était guère que trois heures et demie; que faire jusqu'à sept? On causa, on chanta; mais la conversation et les chants s'épuisèrent. Heureusement, on était venu trop tôt pour avoir dîné ; on avait donc apporté des cervelas, des saucissons, du jambon, du pain. On dîna donc. Les banquettes servirent de tables et les mouchoirs de serviettes. Comme on n'avait que cela à faire, on dîna si longuement que l'on était encore à table quand le public entra. A la vue de ce restaurant, les locataires des loges se demandèrent s'ils rêvaient ; en même temps leur odorat était offensé par l'odeur de l'ail et des saucissons. »

Viennent ensuite d'autres détails un peu trop réalistes dont nous faisons grâce à nos lecteurs.

Et voilà comment se leva enfin la toile, « en présence, dit M. Alexandre Dumas, de trois masses sombres : l'une à l'orchestre des musiciens, l'autre au parterre et la troisième aux premières galeries, qui rugissaient en agitant d'abondantes chevelures. »

On sait quelle bataille s'ensuivit. De bons vieux classiques, fourvoyés dans cette mêlée, en furent quittes, les uns pour quelques horions, les autres pour leurs perruques volant de tous côtés et même, a-t-on dit, jusque sur la scène ; mais les janissaires de Charlet voulurent bien laisser les têtes en place.

Non moins orageuse encore fut plus tard la première représentation du fameux drame, *Le Roi s'amuse*, où l'alliance de l'horrible et du grotesque se produisait, cette fois, sous de telles formes, que le gouvernement lui-même s'en émut et mit dès le lendemain la pièce en interdit. Et voilà ce qu'il en coûte pour vouloir se faire un public, au lieu d'accepter tout simplement celui qui vous est donné par la nature.

C'est là, il est vrai, de l'histoire ancienne ; mais on voudra bien nous pardonner cette petite digression, à laquelle d'ailleurs la prose toujours alerte et amusante de M. Alexandre Dumas donnait un certain intérêt non étranger à notre sujet.

Il faut reconnaître, à la vérité, qu'il n'appartenait qu'à un chef d'école, à un homme du talent et de l'importance de M. Victor Hugo, de réunir autant de fanatiques adeptes et de disposer de telles forces pour enlever un succès. Mais n'arrive-t-il pas souvent, encore aujourd'hui, que le vrai public n'est pas plus respecté ? Voyons, en effet, ce qui se passe.

Une pièce nouvelle, si elle est d'un auteur en vogue, est annoncée longtemps à l'avance par les journaux. On en colporte d'abord les merveilles avec quelque mystère, puis on la suit des mains de l'auteur au théâtre, à la censure, aux répétitions ; heureux le journal le mieux informé !... Puis, le grand jour de la représentation arrivé, grâce au concours de nombreux amis et d'une claque savamment organisée, il est bien rare que le succès ne soit pas ce qu'on appelle *enlevé*, quel que soit d'ailleurs le sentiment des gens d'esprit et de goût. Et alors, qui oserait donner un coup de sifflet auquel répondraient aussitôt les cris : *A la porte ! à la porte !...* Il n'est même point sans exemple, on le sait, que le siffleur malencontreux n'y soit jeté en effet. Seulement, il arriva un jour qu'un honnête spectateur ainsi expulsé, même avec l'aide d'un agent de police, fut presque aussitôt rappelé par le parterre et acclamé à sa rentrée. Mais qui aurait maintenant assez de confiance dans ce précédent pour s'offrir en victime à cette justice expéditive, sauf à attendre ensuite dans les couloirs le moment de son rappel et de sa réhabilitation ?

Reste donc, il est vrai, le droit de critique des journaux ; mais s'il vous plaît de dire, comme vous le pensez, et si vous en avez le courage, que la pièce est mauvaise, détestable, de pompeuses et incessantes réclames où il sera dit que c'est « le grand succès du jour, » auront bientôt fait justice de votre article. Le directeur, en calculant les frais de sa mise en scène, a dit que la pièce devait avoir cent représentations, et elle les aura ; et vous, critique, resterez confondu, stupéfié, au point que vous en serez presque à douter de vous-même. Combien de pièces, en effet, qui semblaient d'abord peu viables, n'ont dû ainsi leur succès qu'à l'obstination de la réclame et à la persévérance de l'affiche !

VI

Mais revenons maintenant à notre sujet, c'est-à-dire aux moyens par lesquels on pourrait au moins tenter la régénération du théâtre. Hélas ! il avait semblé d'abord qu'il suffisait pour cela de profiter de la rude leçon qui ressortait de si lamentables événements. On gémissait alors des scandales de tout genre qui avaient pu, en excitant à ce point la colère divine, attirer de tels malheurs sur la France et en particulier sur la Babylone moderne. Oui, ce fut là le sentiment presque unanime du pays, et que partageaient même des hommes jusque-là en apparence peu religieux.

Il n'était pas jusqu'à Gustave Nadaud, que nous ne pensons pas être un clérical, qui ne dît, en se frappant la poitrine :

> Nous avons applaudi les œuvres insensées
> Des modernes auteurs ;
> Nous avons avili nos cœurs et nos pensées
> A ces arts corrupteurs ;
> Et notre âge viril, et notre enfance sainte,
> Loin de se détourner,
> De théâtre, de vers, de musique et d'absinthe,
> Allaient s'empoisonner.

Et que dirons-nous de M. Alexandre Dumas fils? Tout le monde connaît la vigoureuse philippique dans laquelle il résumait si éloquemment l'histoire de nos inconséquences et de tant de révolutions successives, causes de tant de malheurs et de désastres! Et quelle était sa conclusion? Que tout cela ne serait pas arrivé, « si nous avions su, une fois pour toutes, qu'il y a une patrie, une société, une religion, une morale, une liberté et une conscience, qu'il faut être prêt à défendre soi-même, à n'importe quel prix, et n'importe en quel lieu... Qu'il s'agit donc maintenant de nous dégager de nos habitudes, de nos mœurs, de nos facilités, de nos conventions d'hier, de remonter aux sources primitives de la véritable humanité, etc. »

Eh bien, comment ce même M. Dumas, dans son heureuse et brillante spécialité, travaille-t-il aujourd'hui à régénérer le théâtre, signalé d'une voix unanime comme un des agents les plus actifs de notre démoralisation? On sait par quelles libertés de langage et d'action se distinguaient déjà la plupart des pièces de son répertoire, mais il vient de les dépasser de beaucoup dans *Une Visite de noces*.

Nous n'avons point vu jouer cette pièce, mais nous en avons lu divers comptes rendus, et nous ne pouvons même concevoir qu'il ait osé mettre sur la scène un personnage d'une si odieuse et si dégoûtante immoralité que son Cygneroi. Donc ce personnage retrouvant, après son mariage, une ancienne maîtresse, Mme de Morancé, qu'il a brutalement congédiée, a l'idée, on ne sait trop pourquoi, de lui rendre une visite de noces, car il ne permettra pas même, dit-il, à sa femme de la fréquenter.

Cette entrevue délicate a donc lieu et se passe convenablement, en présence, d'ailleurs, d'un ami commun, Lebonnard. Mais la dame sortie, cet ami dit à Cygneroi qu'il a d'autant mieux fait de rompre avec cette femme, qu'elle l'avait trompé lui-même comme son mari avec un amant bientôt suivi de deux autres, dont il cite les noms, et cela avec des détails et des expressions même d'un réalisme à ne lui laisser aucun doute. Toutefois Cygneroi veut encore avoir avec elle une entrevue, pour s'en convaincre encore mieux, et en avoir l'aveu de sa propre bouche.

Mais la dame, loin d'en rougir, et tête levée, convient de tout, même dans des termes d'un cynisme révoltant. Et alors, qu'arrive-t-il? C'est que Cygneroi, tout à coup ravi de trouver aussi corrompue une femme qu'il avait pu croire redevenue honnête, se reprend plus que jamais pour elle d'amour et de jalousie, au point de lui proposer de s'enfuir avec elle en abandonnant sa femme et son enfant. « Il s'est marié, croyant trouver là « une émotion » qui n'y est pas ; mais retrouvant près de son ancienne maîtresse

« une sensation », il ne veut pas la laisser échapper.

Or, conçoit-on dans un homme une telle perversion du sens moral ? Et si elle existe quelque part, ne devrait-on pas la tenir cachée comme une monstruosité ? Mais tout beau ! lui dit son ami, comme à un chien à qui on enlève sa proie, ce n'était qu'une scène bien jouée, une épreuve ; la vérité est que Mme de Morancé n'a jamais failli qu'avec toi, et sa conduite a été depuis irréprochable. Et alors, que lui répond, pour se consoler ce chenapan congédié à son tour par Mme de Morancé ? « A quoi bon reprendre une maîtresse honnête ? Autant vaut garder ma femme. »

Voilà donc, en résumé, la pièce dont M. Alexandre Dumas a voulu régaler son public favori.

Mais heureusement il y eut, contre un tel dévergondage, un *tolle* général de la presse. Ainsi nos principaux *lundistes*, tout en rendant justice au talent et à la dextérité de l'auteur dans l'exécution des détails, ne virent là qu'une œuvre profondément immorale et révoltante jusqu'à l'indignation et au dégoût. Ils la disséquèrent comme l'auteur lui-même avait disséqué de sa plume changée en scalpel le cœur gangréné de son personnage, plutôt du ressort de la pathologie que du drame.

A la bonne heure ! nous sommes-nous dit, il y a donc encore, dans la presse, des vengeurs de la morale publique ! Mais nous n'avions pas lu alors dans le *Journal des Débats* le compte rendu de M. Jules Janin, où nous avons été fort surpris de trouver de tout autres impressions.

Selon le célèbre critique, en effet, ce Cygneroi n'est point un être exceptionnel.

« *De te fabula narratur*, s'écrie-t-il ; c'est vous, c'est moi, ce
« sont eux, ce sont elles... Interrogeons notre conscience, écou-
« tons nos intimes lamentations, silence au remords ! Et nous de-
« mandons combien de fois nous avons quitté, pour suivre un haillon
« de trottoir, la femme élégante et belle et qui ne demandait qu'à
« nous plaire. Au sortir d'une maison correcte et bien tenue, où
« la meilleure compagnie avait posé ses tabernacles, si nous trou-
« vons grandes ouvertes les portes de quelque infâme alcazar rem-
« pli de la valse immonde et de la désinvolture effrénée, ah !
« quel bonheur de frôler ces fameuses coquines, et de les applau-
« dir levant leurs jambes grêles au niveau de leur bouche éden-
« tée ! Il n'y a pas à nier toutes ces misères.... »

« Or, du monde bourgeois au plus grand monde, on retrouverait
« le Cygneroi. N'avons-nous pas vu de nos jours des chefs de
« nation courir le guilledou des grisettes, et s'amuser, non pas aux
« spectacles héroïques des grands poëtes, mais au spectacle idiot
« de quelque femme peu vêtue qui tournoie dans un bocal sur
« l'air connu :

« Le monde est un grand bocal
« De cornichons... » (*Bis.*)

En vérité, l'on se demande si c'est bien M. Jules Janin, lui qui s'était au contraire toujours posé comme un défenseur des bonnes traditions litéraires, si c'est bien lui, le nouvel académicien, qui parle ainsi d'une telle pièce.

Un excellent juge aussi en matière de théâtre, et son collègue à l'Académie, M. Saint-Marc Girardin, a dit :

« La première condition de l'émotion dramatique, c'est que la passion qui l'excite soit vraie. Or, au théâtre, il n'y a de vrai que ce qui est général et ce que tout le monde ressent. De toutes les passions dramatiques, l'amour n'est la plus touchante que parce qu'elle est la plus générale ; le cœur ne s'émeut qu'aux choses qui sont communes à tous les hommes : les curiosités, les bizarreries, les exceptions ne le remuent pas (1). »

Or, Cygneroi n'est-il pas non-seulement une exception, une bizarrerie, mais plutôt, selon l'expression du compte rendu si remarquable de M. Paul de Saint-Victor, un petit monstre à mettre sous verre, dans un cabinet de raretés morales ? (2) » Comment la censure laisse-t-elle même passer de telles pièces ?

Et sur ce, nous demandons pardon à nos lecteurs de les avoir entretenus aussi longtemps de la *Visite de noces*, titre perfide qui semblait promettre tout autre chose. Mais c'est parce que nous avons consi-

---

(1) *Cours de littérature*, tome Ier, page 3.
(2) *Moniteur universel* du 16 octobre.

déré cette œuvre en quelque sorte comme un des signes du temps, nous donnant peu l'espoir de voir concourir à la régénération demandée, l'auteur du *Demi-Monde* et de la *Dame aux camélias*.

VII

Que faire donc pour tenter de purifier cette atmosphère en général si malsaine du théâtre parisien et par suite, celle des théâtres de province? La raison dira bien d'y introduire des éléments nouveaux, d'autant plus que parmi les auteurs en vogue, il en est plus d'un sur son déclin. Seulement la chose n'est pas facile.

Il y a bien la scène Française qui devrait la première entrer dans cette voie ; mais on sait combien elle est peu accessible pour les auteurs qui n'ont pas encore un nom. Presque tous, en effet, viennent échouer à la lecture préalable, quoique leur offrant aujourd'hui plus de garanties qu'autrefois. On se rappelle que cet examen était encore, il y a peu d'années, confié à l'un des deux examinateurs attachés au théâtre, et qu'on avait plaisamment comparés à deux cerbères chargés d'en défendre l'entrée. Mais bien qu'aux termes d'un arrêté ministériel, ils doivent aujourd'hui soumettre leur rapport à un comité d'administration, on comprend de quel poids doit toujours être leur opinion, de sorte qu'il est bien peu des ouvrages présentés qui arrivent même au comité de lecture. Mais que s'ensuit-il ? c'est que la plupart du temps, le théâtre ne vit guère que de l'ancien répertoire et de reprises.

Ainsi, depuis la rentrée, quelles pièces a-t-on vues sur l'affiche? *l'Honneur et l'Argent* par exemple, puis le *Gendre de M. Poirier* et *Mercadet*. Or, ce sont là trois pièces que ce théâtre a même empruntées à deux autres, savoir, la première à l'Odéon, après l'avoir autrefois refusée, et les deux autres au Gymnase. Sans doute, le *Gendre de M. Poirier* est une agréable comédie qui a bien son côté moral; mais peut-on en dire autant de *Mercadet*, ce cynique personnage, sorte de *Robert Macaire*, qui s'ingénie, trois actes durant, à la découverte de quelque rouerie nouvelle pour duper ses créanciers ; qui, pour se redonner quelque crédit, ira même jusqu'à sacrifier sa jeune fille en la jetant à la tête d'un escroc qu'il croit millionnaire et qui se trouve ruiné comme lui? C'est du Balzac, dira-t-on, et on ne peut mieux joué sans doute, comme tout ce qui se joue au Théâtre-Français ; mais est-ce là un spectacle moral et digne que tout ce tripotage de créances véreuses, et, au dénoûment, ces scènes d'un comique de tréteaux? Non, ce n'est pas là ce qu'on s'attend à voir sur cette scène qu'ont illustrée tant de chefs-d'œuvre, et ce ne sont pas de telles pièces qui en inspireront de nouveaux. Et dans un autre genre, que dire d'une bluette inénarrable ayant pour titre : *Une Histoire ancienne*, qui a le privilége de figurer souvent sur l'affiche ?

Ah! si le Théâtre-Français était entre les mains d'un directeur ordinaire, qui l'exploiterait à ses risques et périls, on comprendrait qu'il préférât, par exemple, à une tragédie,

> Quelque drame à la mode
> Où l'intrigue, enlacée et roulée en feston,
> Tourne comme un rébus autour d'un mirliton (1).

Mais on sait que ce théâtre est assez largement doté pour se préoccuper un peu moins de la question d'argent et un peu plus de celle de l'art, aujourd'hui en décadence si manifeste. Il est donc en position de se permettre quelques essais, dussent-ils être d'abord infructueux. Rien ne forme un auteur, disent les hommes du métier, comme de s'être vu jouer seulement une fois. Mais si, parce que le succès de son œuvre ne vous paraîtrait pas bien assuré, vous découragez toujours par vos refus un homme de vrai talent, s'il en a besoin pour vivre, il finira, de guerre lasse, par

---

(1) Alfred de Musset : *Une soirée perdue.*

se jeter dans la cascade et l'insenséisme, si fort en vogue aujourd'hui sur nos petits théâtres, et d'un si bon rapport.

Oh! la cascade! Qu'a-t-elle respecté? Nous lui aurions demandé grâce pour nos souvenirs classiques; mais elle a profané jusqu'aux divinités profanes. Après *Orphée aux Enfers* et la *Belle Hélène*, est venue la *Boîte de Pandore*. Et voilà toutes ces fictions si ingénieuses converties en farces de tréteaux!

L'Odéon, comme le Théâtre-Français, reçoit aussi de l'État une subvention, et il faut convenir qu'il la mérite, car il se montre en général d'un accès assez facile aux auteurs nouveaux; mais il prend de longues vacances, en sorte qu'il ne peut monter chaque année qu'un bien petit nombre de pièces nouvelles.

Enfin il y a aussi, dans cette même région, le petit théâtre de Cluny, qui, dépourvu de toute subvention, n'en a pas moins poursuivi jusqu'à ce jour, sous une direction intelligente, une carrière honorable et lucrative. Mais qu'un auteur inconnu y présente un manuscrit, on ira même jusqu'à le refuser, en disant que le théâtre a des engagements pour trois ans; et, en effet, il en est aujourd'hui des pièces de théâtre comme des nouveaux feuilletons que certains auteurs en vogue s'engagent à livrer dans tel temps et qui souvent ne sont pas même commencés. Ces auteurs privilégiés n'ont même point à se déranger, les directeurs de journaux et de théâtres accourant au bruit de leurs succès et se disputant leurs œuvres nouvelles, auxquelles le même sort n'est pas toujours réservé.

Enfin l'accès des théâtres de Paris étant ainsi très-difficile pour les auteurs nouveaux, pourquoi, et surtout à une époque où l'on parle de décentralisation, ne présenteraient-ils pas leurs pièces à ceux des grandes villes de province? L'idée n'est pas neuve, nous le savons, et déjà elle a fait quelque chemin. Ainsi, dans ces dernières années, on a pu apprendre de temps à autre que dans telle ville, tel auteur avait fait jouer, avec succès, une pièce quelconque, drame, comédie ou vaudeville, parfois même un opéra.

Mais voilà ce qu'il faudrait généraliser davantage et surtout, comme nous l'avons dit plus haut, par la voie de récompenses publiques, auxquelles pourraient prendre part tous les théâtres de province. Ne pourrait-on même accorder à une œuvre qui en aurait été jugée digne, la faveur d'être jouée à Paris sur la scène française, ce qui serait alors l'idéal de la décentralisation? Et alors, qui sait si une réaction littéraire ne nous viendrait pas un jour de la province à Paris? Cela ne vaudrait-il pas mieux qu'une révolution politique qu'il a plu quelquefois à Paris d'expédier à la province?

Que le Gouvernement, et en particulier M. le ministre des beaux-arts, avisent donc, car il y a vraiment quelque chose à faire pour relever l'art théâtral du dévergondage et de l'abaissement dans lesquels il est tombé ; que, grâce à leurs efforts et à de sages mesures, il redevienne pour le peuple, non plus une cause de scandale, mais, s'il est possible encore, une école de mâles vertus et de haute morale. Ce peuple a prouvé plus d'une fois, en littérature comme en musique, à l'audition des œuvres des grands maîtres, qu'il avait le sentiment du beau ; oui, certes, il a de bonnes cordes, qu'il faut seulement savoir faire vibrer.

On dit parfois, pour excuser la stérilité du théâtre moderne, que les sujets sont épuisés ; non. Pour le poëte ou l'écrivain qu'échauffe et anime le génie créateur, l'étude de la nature et du cœur de l'homme, c'est l'infini !

FIN.

Post-scriptum. — Nous lisons à l'instant dans le *Figaro* du 12 novembre que le directeur de Carl-Théâtre, de Vienne, quoique engagé par un traité avec M. Dumas pour la représentation de ses œuvres, se refuse à monter *la Visite de Noces*, d'après les comptes rendus des principaux critiques de Paris reproduits par les journaux autrichiens.

Il y a donc à Vienne une pudeur publique à respecter au théâtre... Bonne leçon pour Paris et pour M. Alexandre Dumas.

www.ingramcontent.com/pod-product-compliance
Lightning Source LLC
Chambersburg PA
CBHW030059230526
45471CB00003B/1159